幸福に死ぬための哲学

池田晶子の言葉

池田晶子
NPO法人
わたくし、つまり
Nobody編
講談社

幸福に死ぬための哲学——池田晶子の言葉

目次

人生
何のために生きるのか

幸福　あなたはなぜ満たされないか

愛と孤独　孤独の味わい方

自分

「自分探し」で自分は見つからない

善悪　一切は君の自由だ

世の中

金のもうけ方を教える前に

科学と情報

情報があれば賢くなるか

言葉

言葉が人間を創る

老い

体は人生を渡るための舟

死　終わりではなく、始まり

考える精神

悩むより先に、考えよ

ブックデザイン　鈴木成一デザイン室

幸福に死ぬための哲学

——池田晶子の言葉

人生

何のために生きるのか

思った通りの人生

人は、何でも、「思う」ことができる。これは本当に不思議なことだ。これが自由の原点だ。人生はつまらないものだと思えば、人生はつまらないものになり、人生は素晴らしいものだと思えば、人生は素晴らしいものになる。何もかも、思った通りになる。人生は、自分が思った通りの人生になっている。人は、思うことで、人生の運命を自由に創造することができるんだ。これは、なんて素晴らしく、かつ、なんて厳しいことだろう。

『14歳からの哲学』

信じてはいけません

苦しみから救われるためには、信じなければならないと、皆さんは思われるでしょう。しかし、考えてもみましょう。苦しみを苦しみだと思うのは、なぜでしょうか。人生に意味はありやなしやと苦しむのはなぜでしょうか。それは、人生には意味があるものだと思っているからです。しかし、もしも、人生にはとくに意味は最初からないとしたら、どうでしょう。意味はありやなしやと苦しむこと自体が、ひょっとしたら、勘違いなのかもしれませんよ。

『41歳からの哲学』

わからないのは当たり前

そもそも私たちは、自分の決断で生まれたわけではなく、自分の決断で死ぬのでもない。生まれて死ぬという、人生のこの根本的な事態において、私たちの意志は全然関与していない。気がついたら、どういうわけだか、こういう事態にさらされていたわけです。

このことの不思議に思い至れば、人間が自分の人生について、自分の意志で決断してどうのこうのということが、いかに小賢《こざか》しいことであるかにも気がつくでしょう。人間が自分の意志でできることなんか、たかが知れているのです。人生は自分の意志を超えているのです。

『死とは何か』

時間がないのは誰のせい

現代人は、客観的時間すなわち時刻のことを、人生だと取違えている。そうして、何日までに何をする、何年後までに何をする。時刻を先取ることで、人生を生きている。人生とは、すなわち予定なのである。予定を立てたのは自分でしかないのに、時間がないと不平を言う。

便利になるほど、時間は早い。忙しくなるほど、時間はなくなる。そうやって、忙しい忙しいと生きていたら、なんと死ぬ時がそこに来ていた。いったい人は、何のために何をしているのやら。

『41歳からの哲学』

定点をもつ

ＩＴ革命を究めたところで、我々が生身であることに変わりなく、自然災害の前には降参するしかない。自然すなわち人智には絶対不可解な大宇宙に、この自分が生きて死ぬとはどういうことなのか、考えて気がつくだけでも、我々の人生は変わるのである。なんだ人生というのは、あんがい変わらないものだなと。

変わるものにおける変わらないものとは、定点である。定点からみると、先行きどうなるかわからない地球上のこの状況も、永劫の宇宙史における一風景、そんなふうに見えてくる。定点とは、相対化する視点である。これを手に入れるとラクですよ。

「週刊ポスト」

人生という謎

考えるということは、答えを求めるということじゃないんだ。考えるということは、答えがないということを知って、人が問いそのものと化すということなんだ。どうしてそうなると君は思う。

謎が存在するからだ。謎が謎として存在するから、人は考える。謎とは、自分の人生、この生き死に、この自分に他ならないのだったね。さっぱりわからないものを生きて死ぬということが、はっきりわかっているということは、自覚すること、人生の覚悟だ。だから、とても力強く生きて死ぬことができるんだ。

『14歳からの哲学』

人生最高の美味

結局のところ、「死」こそが、人間にとっての最大の謎であり、したがって、また魅惑なのだ。

少なくとも私は、そうである。言葉と論理、すなわちすべての思考と感覚が、そこへと収斂《しゅうれん》し断絶し、再びそこから発出してくる力の契機としての「死」。この人生最大のイベント、これの前には、生きんがためのあれこれなど、いかに色褪《あ》せて見えることか。死を恐れて避けようとし、生きんがためのあれこれのために生きている人は、死を考えつつ生きるという人生最高の美味を逃していると言っていい。

『残酷人生論』

何のために生きるのか

この人生、何のために生きるのかとは、生きている限り避けられない問いではありましょう。それは人間にとって最も根源的な問いであって、だからこそこんな問い、人に問うて答えが得られるものではない。根源的な問いほど、自ら問い自ら答える以外はあり得ないのです。もしも本当に答えを得たいのであれば、生きている限り一度は必ず自らに問うてみるべきでしょう。

「私は、食べるために生きているのか、生きるために食べているのか」

さて、本当に楽しい人生は、どっちだと思いますか。

『人生は愉快だ』

幸福

あなたはなぜ満たされないか

人を愛せないと悩む人へ

愛する人がいないから幸福になれない、と思い込んでいるから、あなたは不幸なのです。どうして他人がいなければ、あなたは幸福になれませんか。他人がいなければ幸福になれないというまさにそのことが、「愛する能力に欠けている」というそのことなのです。だって、自分を愛することができない人が、どうして他人を愛することができますか。愛のない人が、どうして愛することができますか。すべては順序が逆だったということに、気がつくことが、始まりですね。

『人生は愉快だ』

あなたはなぜ満たされないか

「幸福」の名で、人が反射的に、「暮らし」もしくは「暮らしぶり」を表象してしまうのは、いったいいかなる習性なのか、いつ頃からの癖なのか。しかし、この習癖それ自体がじつは、見事に不幸を示している。「幸福」の語によって、あれこれ中身を表象する人の不幸は、たとえば、そこには必ず比べる心があることだ。自分と他人を、自分の暮らしと他人の暮らしを、比べる心があることだ。しかし、自分の幸福に完結している魂が、いかなる理由があって、他人のそれらを気にするだろう。

なぜ人は、自分で幸福であろうとはしないのだろうか。自分以外のいったい誰が、幸福であることができるのだろうか。

『残酷人生論』

幸福な心は買えない

幸福というのを、お金に代表される、職業、生活、暮らしぶり、外から見てわかる形のことだと思うことで、人は間違える。どんな職業、どんな生活、どんな暮らしをしていても、その人の心が幸福でないなら、そんなものは幸福ではないということに気がつかないんだ。でも、幸福であるとは、心が幸福であるということ以外ではあり得ない。

不幸な心は、どんなにお金を積んでも、幸福な心を買うことだけはできない。すると、一番欲しいものを買うことができないお金なんてもの、どうして人は欲しがるのだろう。

『14歳の君へ』

どんな困難に出合っても

どんな生活、どんな職業であっても、生きている限り、不幸は必ずやってくる。つらくて苦しくて、自分はなんて不幸なんだろう、そういう時は誰にでも必ずやってくる。だけど、不幸は、いかにそれが外からやってくるもののように見えても、やはりどこまでも自分の心が作り出しているものなんだ。不幸だと思うその心が不幸なんだ。幸福だと思うその心が幸福なんだ。幸福も不幸も自分の心のありようなのだということを忘れさえしなければ、これからの人生、どんな困難に出合っても、君は幸福になることをあきらめずにいられるはずだ。

『14歳の君へ』

不自由なのは誰のせいか

人が、自分の自由に気づこうとしないのは、ほんとは自由なんか欲しくないからである。ほんとのところは、自由になんかなりたくないのである。なぜなら、自由になったら、何もかも自分でしなければならないから、そのことをほんとは知っているからである。

生きるも死ぬも、私の自由だ

ああ素晴らしき哉《かな》、絶対自由、この絶対自由が、しかし人は深いところで怖いのである。生きるも死ぬも自分の自由だなんてそんな怖い自由はイヤ、それで、生きるも死ぬも考えるのも、社会やら国家やらにまかせて不自由と言いつつ、じつは安心していたいのである。

『残酷人生論』

考える者は救われない

信じるものは救われる
そうだ、まさしく、信じる者は救われるのだ。なぜなら、救われたくて信じるのだからである。
考える者は救われない
そうだ、救われるわけがない。なぜなら、救われるとはどういうことかと考えているのだからである。

『メタフィジカル・パンチ』

苦しみは喜びである

幸不幸とは、「境遇」とは別のことだ。

幸福とは、努力である。外的なあれこれによらなくても、いかなる境遇にあろうとも、それ自身で常に幸福であることができるための、魂の努力である。

ところで、努力とは、善くなるために為されるものであって、悪くなるために努力する人はいない。善くなるための努力は、必ず苦しいものである。

善く苦しむ

苦しみは喜びである

幸福とは、これである。そして、これ以外の何かではあり得ない。

『残酷人生論』

当たり前なことにありがとう

この広い世界、果てしない宇宙の中で、誰かと誰かとが出会う、出会って愛し合うなんてことは、なんという偶然、なんというありがたいことなのでしょうか。

「ありがたい」とは、じつは、「在り難い」という意味です。そのようなことが存在することが難しい、難しいけれども存在した、そういう意味なのです。在り難いことが在ったということは、つまり、奇跡ということです。奇跡とは、何か変わった特別の出来事を言うのではなくて、いつも当たり前に思っていたことが、じつはすごいことだったと気がつく、そういうことなのです。この奇跡に対する驚きの感情が、感謝という感情の基礎にあります。

自分が存在することへの感謝、それはおそらく人間にとって、究極の感謝でしょう。

『死とは何か』

愛と孤独

孤独の味わい方

孤独を味わう

子供の頃、叱られて押入れに入れられるのがまるで平気だった。ごめんなさい、もうしませんと謝るどころか、もういいと言われるまで、好んでそこでじいっとしていた。やがて自ら進んで押入れの中に閉じ籠《こも》る時間をもつようになったけれども、今思うと、あの感覚が雨に籠る感覚に似ている。空間的に閉じ籠ることによって、逆に内に開ける。内的空間のあの親密さ、自分を感じるとか、自分を味わうとか、そういう孤独の味わい方を、すでにその頃、知っていたようです。真っ暗で無音の押入れの中でじいっとしていると、自分という存在の不思議を、つくづくと感じることができた。押入れは、私にとって、宇宙への入り口というより、宇宙そのものでしたね。

『暮らしの哲学』

本当の友情とは

本当の友情、本当の友だちこそがほしいのだけど、いない、と悩んでいる人が多いみたいだ。でも、いなければいないでいい、見つかるまでは一人でいいと、なぜ思えないのだろう。

本当の友情というのは、自分の孤独に耐えられる者同士の間でなければ、生まれるものでは決してないんだ。なぜだと思う?

自分の孤独に耐えられるということは、自分で自分を認めることができる、自分を愛することができるということだからだ。そして、自分を愛することができない人に、どうして他人を愛することができるだろう。

『14歳からの哲学』

誰と出会うつもりなの

出会い系にせよ、ネットチャットにせよ、なぜ人は、さほどにまで他人を必要とするものだろうか。「人とつながりたい」「自分を認めてもらいたい」というのが、ハマる人々の言い分である。しかし、自分を認めるために他人に認めてもらう必要はない。空《むな》しい自分が空しいままに、空しい他人とつながって、なんで空しくないことがあるだろうか。人は、他人と出会うよりも先に、まず自分と出会っていなければならないのである。

『41歳からの哲学』

他人の悪口が気になる人へ

人間には、自分の中の気になるものを、自分の外に見つけ出すという妙な癖があります。自分の中のそれが気になるからこそ、他人の中のそれが気になるのですね。よくあるでしょう、誰かの悪口を言っているその人が、自分が悪口を言っているその人にそっくりだということが。

つまり、人間は、自分の中にあるものだけを他人の中に見る。裏返せば、人間は、自分の中にないものを、他人の中に見ることはできない。当然ですよね、だって、ないものは、ないんだから。ないものは、気になるはずがないんだから。

『人生は愉快だ』

疑わなければ、信じられない

人間は、まず自分を信じていなければ、他人を信じることはできません。自分の中の普遍的なものを見出すことで、自分を信じると同じに他人を信じることができるのです。普遍的なもの、つまり、誰にも共通のその真実を見出すためには、人は考えなければなりません。考えるということは、疑うということです。自分の、他人の、あらゆる言動や心の動きを、これは何か、本当か、真実はどこにあるのかと、徹底的に疑うことで、真実は初めて見出されるのです。だから人は、疑わなければ、信じられない。そして、信じていなければ、疑えないのです。

『私とは何か』

「犬の力」を知っていますか？

「犬の力」と、私は呼んでいます。人の心をかくまで深く惹きつけるその力のことです。それはすなわち、人の心を無防備にしてしまう力なのだ。彼らの振舞い、彼らの瞳、彼らの心の偽りなさは、我々の心を完全に無防備にしてしまう。それが彼らの力なのだ。心を無防備にされた我々は、無防備になった心、武装解除した自分の心が気持よい。それが気持よくて、我々は彼らを愛するのだ。彼らは我々によって愛されるのだ。犬は、人間に愛を教えるために（神様によって）創られた生き物なのだ。

『暮らしの哲学』

わかる力は愛である

「わかろう」という意志、これは何か。言うまでもない、優しさである。わからないものをわかろう、自分ではない他人をわかろう、この想像的努力のまたの名は、ほかでもない、愛である。愛のない人にはわからない、愛のない人が、わかっている以上のことをわかることはあり得ない。なぜなら、最初から、わかる気がないからである。わかる気のない人に、なぜわかるわけがあるか。愛していないものを、なぜわかる気になれるか。

わかる力は、愛である。えてして人は気づいていない、真の知力とは、愛する力であることを。

『残酷人生論』

愛とは、

内に引き籠もるほど、外へ開ける
完結することで、底が抜ける
自分と他人を分けられないのは、他人とは自分だからである
愛とは、つまりこういうことである

『リマーク』

自分

「自分探し」で自分は見つからない

探すのをやめよ

「自分探し」をする人が、自分を探して決して見つからないのは道理なのです。「自分」というものについての問いの立て方を、初めから間違えている。

「自分」なんてものは、本当は、何ものでもないのです。そんなものは、あるようで、ないのです。本気で考えれば、あるんだかないんだかわからないようなそんなものが、何か確固として「ある」ように人は思い込んでいるから、じつはないようなものを「探す」という徒労に走ることになる。ダマされたと思って、一度、「自分」というものは「ない」と思って生きてみてください。人生きっと変わりますね。

『人生は愉快だ』

やりたいことがわからない？

若者たちは、自分なんてものにこだわりすぎるのである。「自分の」好きとか、「自分の」人生とか、そんなものは何ものでもないと、一度腹を括《くく》ってみるといいのである。そうすれば、見えてくるものがある。そうとしかできない自分も見えてくる。「個性」というのは本当はそういうもので、「自分」なんてものは一度死ななきゃダメなのである。自分のやりたいことをやるというのは、自分のためにやるのではない。自己精進に励む芸術家の仕事が、広く人々に喜びを与えることになるという事実が、端的にそのことを示している。

やりたいことがわかるということの覚悟のわからない者に、やりたいことがわからないのは当然である。

『勝っても負けても』

個性を求めるな

「自《みず》から」ということと「自《おの》ずから」ということは違うことだ。「自ら」は、自分の意図でどうこうしようとすることで、「自ずから」は、自分の意図によらずに自然にそういうふうになることだ。君は、自ずから、そうなる人になればいい。自らなろうとなんかしなくていい。そしたら君は、必ず個性的な人になる。

「個性」というのは、自ら求めるものではないんだ。

「自分らしく」を求めることが、自分を自分らしくなくしている。この逆説について、もう一度ひとりで考えてみよう。

『14歳の君へ』

美しい逆説

ある天才の仕事に感動できるとしたなら、君は、天才だ。天才が何をしようとしていたのかを理解できるなら、君は天才だ。天才を理解できるのは天才だけだという動かせない対応とは、両者が共に自分を超えた大きなもの、つまり「天」を見ているということで理解し合うということなんだ。

才能のあるなしは問題じゃない。天を見るとはどういうことか、ちっぽけな自分を捨てることだ。無私の人であることだ。君が自分を捨てて、無私の人であるほど、君は個性的な人になる。これは美しい逆説だ。真実だよ。

『14歳からの哲学』

天分を生きる覚悟

なるほど確かに、人にはそれぞれの「適性」や「天分」というものがあります。でもそれは、自分でそれに向いているの向いていないの、好きだの嫌いだの、言えるようなものでは全然ない。それは、「自分」というものが「ない」、「自分」というものを一度捨てた時、初めてわかるような何かなのです。やっぱり自分にはこれしかできないのだという仕方で、それはわかるものなのです。そして、天分がわかるということと、それが「幸せ」ということとは別のことです。自分にはこれしかできないのだとわかっていることをするためには、一種の覚悟が必要ですからね。あなたにその覚悟はありますか？

『人生は愉快だ』

本当のプライド

自分の人生は、自分の生きたいように生きればよい。他人にどう見られるかが、なぜ問題か。

問題は、自分に対する恥である。自分が自分に恥ずかしいと感じる、これが本当の恥である。

自分に恥じない、それを「プライド」と呼んでみる。他人に恥じるのではなく、自分に恥じない。これが本当のプライドである。「本当」の根拠は天にある。天に恥じないことをしているから、他人にどう見られるかは問題ではないのである。

『41歳からの哲学』

あなたの親は親ではない

あえて言いますが、親子の間で素直になれないというのは、たぶんに親のせいであります。親が子を自分の製作、だから自分の所有なのだと錯覚しているからなのです。

しかし、そんな馬鹿なことはないでしょう。子供が自分の製作だなんて、精子と卵子の結合によりひとつの生命が誕生するという摩訶《まか》不思議なプロセスは、自然が用意したものであって、まさか人間の技ではない。ましてや、ある精子とある卵子の結合としてのある生命がその人であるなんて、これこそ奇跡、どうしてそれが人間の親がそうしようとしてそうしたことなんかであるもんですか！

だから奇跡だと、繰り返し私は言うのです。御縁は奇跡、人知を超えた出来事なのだと。

『暮らしの哲学』

自分に自信をもつためには

人は「自分の意見」をもつべきではないというのが、私のかねてからの持論です。必要なのは、「その人がそう思うだけのその人の意見」ではなくて、「誰にとってもそうであるところの考え」なのです。

ところで、「誰にとってもそうであるところの考え」は、したがって、自分一人を超えている。それが自分を超えていることを知っているから、人は自信をもてるのですよ。その意味で、私も正当に自信家だと言っていいでしょう。自信をなくしたことは、今のところは、ありません。

『人生は愉快だ』

善悪

一切は君の自由だ

いじめる方といじめられる方、どっちを選ぶ？

いじめるよりも、いじめられる方がよいことなのは、いじめられる方の人は悪いことをしていないからだ。友達をいじめて、その子がつらい思いをするのを見て喜ぶような心は、悪い心だ。本当の幸福を知らない心だ。

いじめられている君は、心がとても傷ついているだろう。だけど、自信をもっていい。君は決して悪いことをしていない。悪いことをしていないんだから、傷つく必要だって本当はないんだ。よい人のよい心を、悪い人の悪い心が傷つけることは、決してできないことなんだ。だから、よい心でいることが、一番強いことなんだ。

『14歳の君へ』

なぜ人を殺すのは悪いのか

「なぜ人を殺すのは悪いのか」という問いが、これは巷間《こうかん》では珍しく真剣に議論されていたようである。これは大変よい傾向だと思う。このような純粋かつ根源的な問いというものが存在すると知る、そしてそれと真っ正面から取組むという経験を、人は一度は経ておくべきだ。この問いと真剣に取組んだ人は、考えれば考えるほどわからなくなるという、あの経験を得たはずだ。それは貴重な経験だ。善悪の問題ほど、人にとって根源的かつ謎であるものはないからである。

『新・考えるヒント』

平和は善で、戦争は悪か

戦争に反対すると、口で言うのは簡単だ。起こっている戦争に加担するのも簡単だ。難しいのは、そもそも戦争とは何なのか、なぜ人は戦争するのかということについて、どこまでも深く見抜いてゆくことだ。考えることだ。考えるほどに、いろんなことが見えてきて、君は考えるのをやめられなくなるはずだ。それで、いいんだ。それは、平和は善で、戦争は悪だと思い込んでいるよりも、はるかに賢いことなんだ。

『14歳の君へ』

一切は君の自由だ

もしも私が教育者の立場にあるなら、子供や生徒に、「好きにしろ」と教えるだろう。

世の中には善いことも悪いこともないのだから、自身が善いと感じ、自身が悪いと感じる、そのことにのみ従って行為せよ。一切は君の自由だ、と。

「売春がなぜ悪い。私の自由だ」

と言う女子高生に、大人が反論できなくて困っているのだそうだ。

「なぜ悪い」と問われれば、こう答えてやればいい。

善悪を知らないというそのことが悪い。知らないということが悪いことだと知らないことが悪い。それは誰にとっても悪くはないが、お前にとってだけは大いに悪い。

『残酷人生論』

金では手に入らないもの

人は、金によってよいものが手に入ることに慣れてくると、金それ自体をよいものと思うようになる。手段と目的とが同一になったのだね。困ったことはだね、このとき人々は、よいものは金で手に入るものという考え方に慣れすぎていて、金では手に入らないよいもの、すなわち、「善」という価値の欲し方がわからないということなのだ。いくら金を積んでも、金を貯《た》めても、善だけは手に入らないのだ。なぜなら、いいかね、善は、タダだからだ。

『無敵のソクラテス』

道徳と倫理

外なる規範としての道徳は、常に、「べき」とか「せよ」とか「ねばならぬ」等の規則や戒律の形をとる。したがって、それを行為する者には必ず強制や命令として感じられる。これに対して、内なる規範としての倫理は、たんに「そうしたい」という自ずからの欲求である。

たとえば、「悪いことはしてはいけないからしない」、これは道徳であり、「悪いことはしたくないからしない」、これが倫理である。「善いことはしなければいけないからする」、これが道徳であり、「善いことをしたいからする」、これが倫理である。

『私とは何か』

内なる基準を知れ

善悪の基準を自分の外に求めるという思い込みの根は、とにかく深い。

でも、君はこれからの人、新しい時代の人なのだから、きっとわかるはずだ。自分の外側にある道徳や法律がよいとし、また悪いとすることが、よいことや悪いことなのでは決してない。よいと悪いとを判断する基準は、自分の内にしかない。だからと言って、それは、人によって違う相対的なものでは決してない。なぜなら、「よい」という言葉があり、「悪い」という言葉がある、そして、それらの意味をすべての人が知っているということは、絶対的なことだからだ。

『14歳からの哲学』

善悪が存在する理由

善悪は存在する。われわれのうち深くに存在し、その針は常にふれている。内にあるこの絶対性を、外にあるかのように思う時、人は自ら判断する自由を放棄する。つまり生きるのをやめることになる。

われわれ人間が生身であるとは、具体的であるということに他ならない。各人各様すべての現在が、完全に個別の具体的内容をもつ。私は今いかに行為するべきか。人は問う。絶対は沈黙している。しかし人はそこに絶対が存在していることを知っている。なぜか。「善悪」という語を、所有しているからである。その意味を、知ってしまっているからである。

『新・考えるヒント』

世の中

金のもうけ方を教える前に

社会なんて存在しない

社会の中でうまくやってゆかなければ生きてゆけない。人はそんな言い訳をする。でもそれは、「社会」というものが、何かそんなものが存在していると思っているからだ。しかし社会なんてものは、自分の外のどこかに存在しているのではないのだったね。社会は存在しないけど、君は確かに存在している。君の存在の方が、社会なんてものの存在より、はるかに確かなものなんだ。だったら、存在もしない社会のために、なぜ自分が我慢をする必要があるだろう。

『14歳の君へ』

しょせん仕事

たいていの人は、生きるためにと思って仕事をします。そして、仕事をしているうちに、仕事をするために生きているのだという転倒が起こる。これが言うところの「仕事に燃える」という状態ではないかと私は睨《にら》むのですが、しかし、仕事は「しょせん」仕事です。会社が潰れたり、病気になったりしたら、失われてしまうようなものです。でも、その時でも、いやその時こそ、「私は何のために生きているのか」という問いが、解かれずに残っていたことが明らかになるはずですね。

さて、人は、何のために生きているのでしょうか。

『人生は愉快だ』

金のもうけ方を教える前に

昨今の教育現場の風潮、何を勘違いしているのか。商売の仕方や金のもうけ方を、早いうちから教えることが子のためだなど、驚くべき勘違いである。世の中のことは、世の中に出てから覚えればよろしい。世に出る前には、世に出る前にしかできないことがある。それが、考えることである。徹底的に考えて、自分の精神を鍛えておくことである。その過程を経ることなく、世に出てしまった大人たちを見よ。世の状況に左右され、フラフラと動じてやまないではないか。

『41歳からの哲学』

役に立たない人が必要

学問というものが、本来、役に立たない金にならないのは当然なのである。世の全体が、役に立つこと金になることを価値と信じて走っているところで、なんでそれらが価値なのか、そも世の中とは何なのかを、考えるのだからである。役にも立たない金にもならないのに、なぜ人はそんなことをするかというと、言うまでもない、それを知りたいからである。真理を知りたいからである。

世の中には、世の中には役に立たないことをする人が必要なのである。

『41歳からの哲学』

先に自分をしつけなさい

自分の犬をきちんとしつけることは、犬を飼う人の絶対前提条件である。ブームにつられて、さしたる動機もなく衝動買いし、自分の犬にわがまま放題されている人を見かけると、先にしつけるべきは人間なのだ、と言いたくなる。公共道徳についての意識を所有せず、自分をしつけることができない人は、犬を飼うべきではない。気の毒なのは、自分をしつけられない人に飼われた犬のほうである。

『私とは何か』

酒の席で失敗する人へ

飲むと気が大きくなるのは、飲まない時に気が小さいからです。飲まなくても気が大きいようなら、飲んで失敗することはなくなるでしょう。

自分が正しいと思ったことを、内に溜め込んじゃいけません。思いを溜め込むとロクなことになりません。酒を理由に噴出するのは目に見えてます。

人生に酒という友があるということは、本当に幸せなことだと思います。友は大事にしようではありませんか。

『人生は愉快だ』

男女関係

クサンチッペ　不倫してやる。
ソクラテス　たんなる発情だよ。大した問題じゃない。
クサンチッペ　もーっ、悔やしいったら。よーし、それならあたしだって言ってやる。あたしよりも他の女がいいなんて男は、もとから大した男じゃないに決まってるから、嫉妬なんかしてられるかってね。
ソクラテス　そーそー、その意気その意気。皆がそれくらいの心意気でもって恋愛するなら、世の男女関係、もっとましなものになるはずなのだ。この自分に惚れないなんてのはどうせ大した人間じゃない、と常に自信をもっていられるように、自分の魂を優れたものにしておこうと、誰もが努力するならね。

『無敵のソクラテス』

国家とは何か

「国家」という観念は、「個人」や「社会」と並び、近代以降の人間が強力に思い込んでいる思い込みのひとつである。

しかし、しょせん作り事を本当と思い込むと人はどうなるか。作り事のために命を捨てるということをするようになる。国家間の戦争というのは要するにそれで、作り事を本当と思い込んだ人間によって為される最大の愚行である。

神なんて作り事を信じ込むなんて、宗教とは困ったものだと現代人は笑う。しかし、国家なんて作り事を信じ込んでるあなた、それを笑うことができますか。

『私とは何か』

科学と情報

情報があれば賢くなるか

変わるものと変わらないもの

生きるためには、今や情報は絶対に必要なんだという人が大半だ。でも、だからと言って、仕事をするために生きているのか、生きるために仕事をするのか、何のために生きているのかという、人生にとっての最も大事なあの問いと、問いの答えとしてのその知識とは、少しも変化していない。ここではっきりとわかるだろう。情報は変化するものだけれども、知識というのは決して変化しないもの、大事なことについての知識というのは、時代や状況によっても絶対に変わらないものだということだ。

『14歳からの哲学』

情報があれば賢くなるか

情報をたくさんもっていると、賢くなったかのようにも、人は思うのらしい。しかし、そんなことは大間違いである。他人や世間のどーでもいい情報を、いくらたくさん所有したところで、なんで賢くなることがある。それを自ら考えて自らの知識にできるのでなければ、しょせんは情報である。自ら考える、たとえ外的情報のひとつもなくとも、自らで考えられるのでなければ、人が知識を自身の血肉として賢くなるということは、あり得ないのだ。

『41歳からの哲学』

コンピューターに心はあるか

コンピューターに心はあるか、コンピューターにも自己はあるかという議論が、最先端の現場で、真剣に為されているそうである。この時、人は、心とか自己とかいうものを、じつはすでに自明なものとして、自ら思考を停止してしまっているということに、気づいていない。機械に心があると見ているのは自分の心だという常識を忘れているのだ。何がしか計測可能なデータを取上げ、それを心だとみるなら、なるほどそれは心なのだ。しかし人は、機械の心は不可解だと思案する以前に、自分の心の不可解に、十分驚いているものだろうか。

『新・考えるヒント』

目に見えるものしか信じない？

科学主義が、われわれに常識を忘れさせる方向へ働くのは、これ自体は不思議なことではない。まさにその不思議である、不可解であるという感覚を、不可解ではないのだと言い募ることがそれだからである。彼らは言うだろう、神や魂などの形而上的存在など、信じられない。われわれは、目に見えるもの、証明できるものしか、信じない。

しかし、目に見えるものしか信じないという彼らの目は、じつは、目に見えるものすら、見てはいない。寝ぼけないでよく見るがいい。君の目の前に見えているその花、その色、その形の美しさ、それが君の大脳皮質を切開してみれば見えるというのか。花の美しさ、それが機械で計測可能だというのか。

『新・考えるヒント』

倫理はどこに生まれるか

こういう科学主義の時代においては、倫理性ということがますます問われるようになってきます。人は絶対不可解ということに気がつくと、おのずから倫理的になるんです。わからないということを忘れているから、人は横暴になり、傲慢になる。わからなさを前にしたときの謙虚さということ以外に、我々の倫理性というものは発生し得ない。善悪の感覚、畏怖の感情のようなもの、我々の倫理の核はそこに、つまりわからないということに気がつくことにあるんです。

『あたりまえなことばかり』

わからないから生きられる

生命保険は、いつか必ず死ぬというわかっていることに掛けるもののように見えるが、いつ死ぬかはやはりわからない。保険とは、お互いが、いつ死ぬかというわからなさに賭ける一種の博打だというのなら、私のような者でも納得できる。博打には博打の腹の括り方というものがあろう。博打に統計をもち込むのは、姑息であるか、野暮である。

科学技術とは、わからないことをわかったと思わせる一種の詐術である。しかし、人生は、わからないから生きられるのである。

『41歳からの哲学』

「情報弱者」にも言わせてほしい

このコンピューター社会の基本理念であるところの「便利」という思想、これが諸悪の元と言えます。「便利」の別名は、「早い」ということでしょう。手間が省ける、時間が省ける、目的地に早く着く。つまり時間が短縮できるということが、現代人にとっての価値なのです。それなら、人はいったい何のために、時間を短縮したいのか。

時間というのは、言うまでもなく、自分の人生の時間です。現在の時間を節約することで、将来にそれが貯蓄できるといった感覚なのでしょう。「タイム・イズ・マネー」。貯蓄した将来の時間のそこに、何か幸福といったものを期待しているみたいです。

しかし「将来」なんてものは、よく考えると、どこにも存在していない。現在幸福である以外に、幸福であることはあり得ない。

『暮らしの哲学』

宇宙を知るよりも

本当に不思議なことに、人間というのは、有限であると同時に、無限である存在だ。多くの科学者は、このことに気がついていない。だから、宇宙を知るためには宇宙へ行けばいいと思うわけだが、人間が本当に知るべきなのは、外界より先に内界なんだ。外界を知るための考えなんだ。考えている自分を知るために内界へ向かって行けば、なんとそれは無限へ通じていたことに、君はたちまち気がつくだろう。

『14歳の君へ』

言葉

言葉が人間を創る

魔法の杖

言葉は道具なんかではない。言葉は、自分そのものなのだ。だからこそ、言葉は大事にしなければならないのだ。言葉を大事にするということが、自分を大事にするということなのだ。自分の語る一言一句が、自分の人格を、自分の人生を、確実に創っているのだと、自覚しながら語ることだ。そのようにして、生きることだ。

言葉には、万物を創造する力がある。言葉は魔法の杖なのだ。人は、魔法の杖を使って、どんな人生を創ることもできる。それは、その杖を持つ人の、この自分自身の、心の構えひとつなのだ。

『死とは何か』

言葉がなければ現実はない

しょせんは言葉、現実じゃないよ、という言い方をする大人を、決して信用しちゃいけません。そういう人は、言葉よりも先に現実というものがある、そして、現実とは目に見える物のことである、とただ思い込んで、言葉こそが現実を作っているという本当のことを知らない人です。「犬」という言葉がなければ、犬はいないし、「美しい」という言葉がなければ、美しい物なんかない。それなら、言葉がなければ、どうして現実なんかあるものだろうか。

目に見える物だけが現実だと思い込んで一生を終えるなんて、あんまり空しい人生だとは思わないか。

『14歳からの哲学』

人間を創るものは

言葉は人間を支配する力をもつから、それを言うその人を、必ずそんなふうにしてしまうものなんだ。面白いから、そう思って、まわりの人を観察してごらん。正しい言葉を話す人は正しい人だし、くだらない言葉を話す人はくだらない人だ。その人が話すその言葉によって、君はその人を判断するだろう。その人の話す言葉が、その人をまぎれもなく示していると気がつくだろう。

世界を創った言葉は人間を創るということを、よく自覚して生きることだ。つまらない言葉ばかり話していれば、君は必ずつまらない人間になるだろう。

『14歳の君へ』

言葉の力

「あの人の言葉に傷ついた」と、我々は何気なく言いますが、まるで言葉がナイフで、それが心を切り裂いたかのようだ。しかし、そんな現場、そんな現物を見た人はいませんよね。見ることはできなくとも、しかし人は確実にそれを感じている。ナイフの言葉で心を切られた。心の痛みは明らかだ。この痛みの明らかさの前に、言葉は「しょせん」言葉にすぎないなんて、人は言えないはずですよね。言葉には、人の心という現実を動かすだけの力がある。いや言葉にだけその力がある。物理的現実を見ている、もしくは生きているところの心的現実というものの存在を認めるなら、このことは納得されるはずなのです。

『暮らしの哲学』

語ることは騙ること

なるほど、ある意味では、言葉を語るとは、すべて嘘を語ることである。言葉により語られなければ何事でもないことを、何事かであるかのように語るのが、言葉というものの機能だからである。語るとは騙《かた》ることである。ゆえに、言葉のこの嘘をつく機能を自覚しつつ、いかにして本当を語るかというところに、その人の本当があることになる。自分で自分の言葉に酔払っているような政治家が、本物であるわけがない。そのような政治家の語る言葉に、同じく酔払ってゆく大衆の側も然《しか》り。

『勝っても負けても』

死者の言葉

かつての哲学者たちは、今はみんな死んでいる人たちです。つまり、死者の言葉をわれわれは読んでいるわけです。哲学書に限らず、文学書を読むのもそうですが、われわれは死者の言葉を読んでいるのです。

そうしてみると、この世のわれわれの話している言葉は、すべて死者の言葉というふうに見えてきます。法律も慣習も伝統的なものも全部死者の言葉です。生者が死者の言葉を語っているのです。そうすると、動いていないのは実は言葉の側であって、生きたり死んだりして動いているのは人間の側だというのが見えてきますね。言葉はまったく動いていないのです。

『人生のほんとう』

古典という書物

生まれて死ぬ限り、必ず人は問うはずだ、「何のために生きるのだろう」。数千年前から人類は、人生にとって最も大事なこの問いについて、考えてきた。賢い人々が考え抜いてきたその知識は、新聞にもネットにも書いてない。さあ、それはどこに書いてあると思う？

古典だ。古典という書物だ。何千年移り変わってきた時代を通して、まったく変わることなく残ってきたその言葉は、そのことだけで、人生にとって最も大事なことは決して変わるものではないということを告げている。それらの言葉は宝石のように輝く。言葉は、それ自体が、価値なんだ。

『14歳からの哲学』

自分の消滅

考えない人は、言葉は自分のものだと思っているから、「自分の言葉をもて」「自分の言葉で語れ」といったことを安直に言いますが、これは逆です。私に言わせれば、人は、「自分の言葉」を語ってはならない。言葉すなわち意味の不思議を自覚して、初めて人は、相対的な自分を超えた、誰にでも正しい本当の言葉を獲得します。したがって、自分の言葉だと思って語られる言葉など、たんなる個人の意見ですから、そんなものをやたらに主張するべきではない。これは自分の言葉ではないと、自信をもって語れるようになるまでは、沈思しているのがいいのです。沈黙は大事です。

『暮らしの哲学』

老い

体は人生を渡るための舟

アンチエイジングの不可能

きょうびは世を挙げて、年をとることを否定しようとしている。それが言うところの「アンチエイジング」ですね。若いことが価値であり、年をとることは反価値だ。しかし、冷静に考えて、こんな不可能で馬鹿げたことって、ちょっとないですよね。だって、生きている限り人は必ず年をとる。人生というのは、年をとってゆく過程以外のなにものでもない。だとすると、年をとることを否定するとは、人生そのものを、反価値として否定することになる。事実こうして人生を生きているというのに、こんな不可能ってないでしょう。

『人生は愉快だ』

肉体から精神へ

年をとることを反価値とするのは、肉体にしか価値を置いていないからです。なるほど年をとれば、体力も体型も肌のハリも衰える、美しくなくなる。だけど精神の側、心や気持ちや知恵の側を価値とするなら、年をとることはそれ自体で価値になります。なぜなら、年をとるほどに精神は、味わい深く、おいしくなってゆくものだからです。だから私はこの頃とみに、年をとることが面白くてしょうがない。

年ばかりとって、中身はカラッポ、こういう年寄りこそ醜いものです。人はそれを「老醜」と呼ぶ。今のうちから、中身の側へ、価値を転換しておきましょう。

『人生は愉快だ』

老いを味わう

老いるということは、外見やライフスタイルの問題ではない。それは完全に、内容の、精神のありようのことなのである。何を価値としてその人はそこまで生きてきたか、その時それは隈《くま》なく現われるのである。その意味でそれは恐いことではあるが、面白いことでもある。人生の作品は、他でもないこの自分だということだ。

ましてや、我々、老いるのは初めての経験である。それはまだ未知なのである。この未知の経験を味わうことなく拒否するのは、せっかくの人生、もったいない。

『私とは何か』

不如意な体

人はたいてい、とくに現代人は、体は「自分」もしくは自分の「もの」で、自分の意志でどうこうできるものだと思っています。

しかし「どのようにして」意志は体に働きかけるのか、その間の事情は、よく考えると、完全に暗箱の中です。いや何よりも驚くべきことは、なんと、体は自分が作ったものではないということだ。

自分が作ったのではない、では誰が作ったのかと言えば、言うまでもなく「自然」です。自然は人間の意志を、どうこうしようという賢《さか》しらな意図を、完全に超えている。自分であるところの肉体とは自然だ、自然は自分を超えている、ゆえに自分は自分であり自分でないという不思議の構造に気がつくと、これはこれでまた広い所へ出られます。

『暮らしの哲学』

人生を渡るための舟

この世で生きるということは、体をもって生きるということである。体は自然だから、変化する、壊れる、やがてなくなる。健康とは、そういう自然の事柄に寄り添うというか、いやむしろ離れて見るというか、流れに逆らわず舵を取るような構えのことだろう。体は人生のお荷物だというのは逆、体は人生を渡るための舟なのである。

病気のひとつやふたつあるのもだから当たり前、むしろ病気のひとつも知らないと、人の心はヒダがなくなる。自分の若年を顧みて、今はそんなふうに思う。

『41歳からの哲学』

人はなぜ歴史に帰るのか

年をとると、みな歴史の本を読むようになりますが、なぜ歴史に帰るのか。年を重ねると自分の歴史と人類の歴史とが重なってくるからです。人間はこんなふうに地上に生まれ、ここまでやってきたということが、まるで自分のことのように感じられる。そうなると、年をとることはけっして退屈なことではなくなる。

自分の過去だけでなく人類の歴史や宇宙の存在にまで視野が広がっていく。そういうものへの味わいが深くなっていく。年をとることは、ある意味で個人を捨てていくことと思う。それができると、年をとることが非常に面白いことになっていくと思うのです。

『人生は愉快だ』

誰でもない自分に戻る

人生の終盤になって痴呆の人が、自分が誰かわからなくなるというのは、正しい。もともとそうであったところへ戻ったということだからである。

過去も未来も名も肉体も、死ぬ時にはすべて自分からなくなるのである。自分は誰でもない、ただの自分になるのである。人はそれを思って恐怖するが、しかしそれは生まれる前の状態に同じである。けれど人は、それを思って恐怖することはない。「失う」と思うから恐怖なのだ。「手放す」と思えばいい。握り締めていたものどもを手放すのだと。しょせんこの世のことではないか。

『41歳からの哲学』

散歩の思索

思うに、四十も半ばになり、この「お散歩」つまり歩くという行為は、いよいよ私にふさわしい。かつてのように若さの力で、走り、閃《ひらめ》き、考えをつかみ取る仕方ではない、じっくりとした思索の深め方が、どうもこの歩くリズムにちょうどいいようなのである。年齢相応というと陳腐だけれども、我々の肉体と精神というのは、そんなふうに互いに互いを測りながら、老いの時間を深めていくような気がする。できれば、そこに、尻尾の生えたお伴がいるなら、それはなお豊かな時間となりましょう。

『死とは何か』

死

終わりではなく、始まり

死因はひとつ

多くの人は、生死を現象でしか捉えていない。死に方のあれこれをもって死だと思い、本意だ不本意だ、気の毒だ立派だと騒いでいる。しかしいかなる死に方であれ、「死に方」は死ではない。現象は本質ではない。本質とは、「死」そのもの、これの何であるか。

生死することにおいて、人は完全に平等である。すなわち、生きている者は必ず死ぬ。

癌だから死ぬのではない。生まれたから死ぬのである。すべての人間の死因は、生まれたことである。どこか違いますかね。

『人間自身　考えることに終わりなく』

自分の死は、「ない」

人が死を認識できるのは、他人の死を見る時だけです。自分が死んだ時は、自分はもういないのだから、自分が自分の死を知ることはできない。自分の死は、「ない」のです。多くの人が死をどうイメージしているかというと、「どうやら自分が無くなる」というものです。でも、自分がないことをどうやってイメージするのか。「無」というものを考えられたら、無ではなくなってしまうわけです。ないものは考えられない。死は、ないのです。

『人生は愉快だ』

いつ生きるのか

在りもしない死を恐れて、在るでも無いでもない死後を憂えて、すなわち時間というものは漠然と前方へ流れるものだという錯覚を信じ込んで、生き生きと生きる現在を常に取り逃がして生きるならば、人はいったいいつ生きることができるだろう。死ぬまでのいつか、本当に生きたい。これはおかしい。なぜなら、まさにその死を恐れることによって、人は本当には生きていないはずだからである。

『ロゴスに訊け』

必要なのは「生命論理」

なぜ生きている方が死ぬよりもよいことなのか、なぜ死ぬのはよくないことなのか、この問いをクリアしない限り、死を前にして恐れ、迷い、嘆き苦しむ我々人間に進歩はないだろう。

いま我々に必要なのは、本当は、「生命倫理」ではなくて、「生命論理」なのだ。生命への愛を説くのではなく、生命とはそも何かを問う、非情な、身もフタもない論理なのだ。生命は愛すべき維持すべきものだという、議論以前の大前提を疑わない限り、生と死、老と病を巡《めぐ》るこの世の悲喜劇はなくならない。

『メタフィジカル・パンチ』

哲学すれば何がよくなる？

ソクラテス　死ぬとはどういうことなのかわからないから、僕は哲学しているのであって、哲学すれば楽に生きられるかもしれないと思うから哲学しているのではない。もしそうなら、死ぬことよりも生きることのほうがよいことだとわかっていることになってしまうからな。しかし、もしそうなら、僕は生きることよりも死ぬことのほうを選んだはずがないではないかと言っとるのだ。

クサンチッペ　変な理屈。

ソクラテス　なあ、変な理屈だと思うだろ。哲学すれば何がよくなるって、死ぬことなんてどうでもよくなるなんて理屈はな。

『無敵のソクラテス』

生きながら死んでゆくのが人生

多くの人は、とくに現代人は、自分を自分だと思い込んで、その自分を主張し続けてその人生を終えますが、そうではなくて、本来は、どこまで自分というものを消してゆけるかが人生なのだ。自分を消して、自分がいなくなれば、当然それは自然とか宇宙の側へと開けてゆくでしょう。生も死も、そこではまあ似たようなものでしょう。そんなふうにして、徐々にあっちの側へ馴染《なじ》んでゆく、言わば生きながら死んでゆくのが人生の自然なのだ。哲学とは死の学びだと古人は言いましたが、全くその通りだと思います。

『暮らしの哲学』

終わりではなく、始まり

「人生一回切りだ」と言いながら、墓を作る。それは、一回切りなんて思っていないんじゃないの、ということでしょう。きっちり考えれば、生き死にというこのおかしな現象、それが成り立つこの宇宙というものが、なんて奇妙な存在であるかに必ず気がつくはずです。その時、思索が個人を超えていくのです。

少なくとも、死が恐かったり、今の人生にしがみついている自分がなさけなかったりするなら、そう考えればいい。人間はまだ、死をおしまいと考えていますが、ひょっとしたら、死は始まりかもしれないのです。

『人生は愉快だ』

春に思う「この感じ」

年寄りたちが、あるいは余命おぼつかないような人たちが、「来年の桜は見られるだろうか」と呟《つぶや》くのは、何を憂えているのでもない。自分がもう遠からず死ぬだろうことなど、もうその人にはわかっていること なのだ。にもかかわらず、いやだからこそ、人は、春になると変わることなく花を咲かせる桜を見たい。

なぜなら、人生は、過ぎ去って還らないけれども、春は、繰り返し巡り来る。一回的な人生と、永遠に巡る季節が交差するそこに、桜が満開の花を咲かせる。人が桜の花を見たいのは、そこに魂の永遠性、永遠の循環性を見るからだ。それは魂が故郷へ帰ることを希《ねが》うような、たぶんそういう憧れに近いのだ。

『暮らしの哲学』

考える精神

悩むより先に、考えよ

「考え」は誰のものか

普通に人は、自分が考えている考えは自分のものだと思っている。しかし、或る考えが誰かのものであるとはどういうことなのか、よく考えるとわからない話なのである。たとえば数式、あれは誰のものか。発見者のものか。他の人が使ってはならないか。或る思想体系、それはそれを考えた人のものか。としたなら、なぜ他の人はそれをともに考え理解することができるのか。

「考え」は誰のものでもない。「考え」はそれ自体が普遍である。「考え」においてこそ人は、ちっぽけな自我を消失し、考える精神それ自体と化す。

『残酷人生論』

何を悩んでいるのですか

考えることは、悩むことではない

世の人、決定的に、ここを間違えている。人が悩むのは、きちんと考えていないからにほかならず、きちんと考えることができるなら、人が悩むということなど、じつはあり得ないのである。なぜなら、悩むよりも先に、悩まれている事柄の「何であるか」、が考えられていなければならないからである。「わからないこと」を悩むことはできない。「わからないこと」は考えられるべきである。ところで、「人生いかに生くべきか」と悩んでいるあなた、あなたは人生の何をわかっていると思って悩んでいるのですか。

『残酷人生論』

さらに、疑え

私はこう言おう。考えるということは、残酷なことである。ぐずぐず悩むことに人を甘やかさない、ありもしない慰めで人を欺《あざむ》かない、人生の真実の姿だけを、きちんと疑い考えることによって、はっきりと知るというこのことは、なるほどその意味では残酷なことである、と。

ところで、真実を知ることを残酷だと言えるためには、人は、知られる真実が残酷であるかどうかを、先に知っていなければならないのではなかったか。

ただ真実を知ることをのみ希うのなら

さらに、疑え

『残酷人生論』

正しいことを考えよう

世の中の大多数の人は、当たり前のことを当たり前だと思って、わからないことをわからないと思わないで、「考える」ということをしていないから、正しくないことを正しいと思っていることがある。でも、いくら大勢で思ったって、正しくないことが正しいことになるわけではないね。だから、たとえそう考えるのが、世界中で君ひとりだけだとしても、君は、誰にとっても正しいことを、自分ひとりで考えてゆけばいいんだ。なぜって、それが、君が本当に生きるということだからだ。

『14歳からの哲学』

自分だけでも善く生きる

私は考えるのです。私たちは、ひとりひとりは、時代や社会のことなど気にする必要はない。人は、自分のことだけを思って生きればいい。ひどい時代、悪い社会の中だからこそ、自分だけは、私だけでも、善く生きよう。善い人間として、善い人生を全うしようと、それだけを心がけて生きればいい。

世界規模の大破綻が、いつ来るかわかりません。それでも、私ひとりだけでも、幸福な気持ちでいようではありませんか。ひとりひとりがそのことの意味に気がつくなら、ひょっとしたら、破綻は避けられるかもしれません。

『私とは何か』

存在の謎

「存在する」ということは、奇跡だ。存在する限りのあらゆることが奇跡であり、したがって謎なのだという絶対の真理を手放さないのであれば、君は、これからの人生、この世の中で、いろんなことがあるけれども、悩まずに考えてゆくことができるはずだ。そのためにこそ、人間には、考える精神があるんだ。考えたいけどうまく考えられない、そういう人だって、かまわない、生（ある）と死（ない）の謎を感じて、その謎を味わいながら、大事に人生を生きてゆけばいい。真理は、すべての人の内に等しくあるものだから、そのことを信じてさえいるなら、大丈夫だよ。

『14歳からの哲学』

新しき精神性のために

精神的であることの歓びは、真理に近くあることの確信である。それは力強き確信である。われら人類二千年、五千年、おそらくそれは開闢《かいびゃく》に等しく、我々は変わらずに精神だった。我々とは精神なのだ。我々が我々を我々と、時間の縦、空間の横、真理を指針に誇りかにも呼びかけあうことのできる理由が、そこにある。

人が自分の人生を生きる仕方で、人類は人類の人生を生きた、それが歴史だ。新しき世紀の思想は、歴史の見る夢として、常に必然であろう。夢を自身と生きるのは、我々だ。

星のように高く、さらに高く、われらの精神性を掲げよ。

『私とは何か』

墓碑銘——さて死んだのは誰なのか

「墓碑銘」と聞いて思い出す逸話がある。

古代ローマだったか、現代のローマにあるものだったか、秀逸なものが存在している。向こうはこちらと違い、墓にいろいろな書き物を遺す習慣がある。人生の〆の一言である。人は、記された言葉から人物を想像したり、感心したりしながら読んでくる。

と、そこにいきなり、こんな墓碑銘が刻まれているのを人は読む。

「次はお前だ」。

それなら私はどうしよう。一生涯存在の謎を追い求め、表現しようともがいた物書きである。ならこんなのはどうだろう。「さて死んだのは誰なのか」。楽しいお墓ウォッチングで、不意打ちを喰らって考え込んでくれる人はいますかね。

『人間自身　考えることに終わりなく』

この本は、文筆家・池田晶子（1960〜2007）の著作のなかから十一のテーマを抽出し、各テーマにふさわしい文章を抜粋して編纂したものです。引用にあたっては、原作品の尊重を旨として、可能な限り底本の表記に準拠しておりますが、収載の都合から一部を省略して転載しています。
この本が、あらためて池田晶子の作品世界に触れていただける機会となれば幸いです。

編者

出所一覧　＊本書の引用は、２０１５年２月現在出版されている書籍を底本とし、書名・頁・作品名は以下のとおりです。

人生

思った通りの人生	『14歳からの哲学』１８９頁「人生の意味〔２〕」
信じてはいけません	『41歳からの哲学』１６５頁「信じてはいけません──宗教」
わからないのは当たり前	『死とは何か』６４-６５頁「わからないのは当たり前」
時間がないのは誰のせい	『41歳からの哲学』５５-５６頁「存在しているのは常に今だけ──時間」
定点をもつ	「週刊ポスト」２００５年１月１・７日号「特集『２００５年』はこの人に訊け！」より
人生という謎	『14歳からの哲学』１９６-１９７頁「存在の謎〔１〕」
人生最高の美味	『残酷人生論』１８７頁「死を信じるな」
何のために生きるのか	『人生は愉快だ』１４頁「プロローグ──考える人生」

幸福

人を愛せないと悩む人へ	『人生は愉快だ』１７８頁「池田晶子の人生相談」
あなたはなぜ満たされないか	『残酷人生論』２１７-２１８頁「あなたはなぜ満たされないか」
幸福な心は買えない	『14歳の君へ』１７３-１７４頁「幸福」
どんな困難に出合っても	『14歳の君へ』１７６-１７７頁「幸福」
不自由なのは誰のせいか	『残酷人生論』１０７-１０８頁「不自由なのは誰のせいか」
考える者は救われない	『メタフィジカル・パンチ』４６頁「ニーチェさん」
苦しみは喜びである	『残酷人生論』２２０-２２２頁「苦しみは喜びである」
当たり前なことにありがとう	『死とは何か』９２-９３頁「当たり前なことにありがとう」

愛と孤独

孤独を味わう	『暮らしの哲学』８５頁「雨の風景 心の風景」
本当の友情とは	『14歳からの哲学』１００頁「友情と愛情」
誰と出会うつもりなの	『41歳からの哲学』４６-４７頁「誰と出会うつもりなの──出会い系サイト」
他人の悪口が気になる人へ	『人生は愉快だ』１８６頁「池田晶子の人生相談」
疑わなければ、信じられない	『私とは何か』１５６頁「子供の人生相談」

自分

「犬の力」を知っていますか？　『暮らしの哲学』104頁「『犬の力』を知っていますか？」
わかる力は愛である　『残酷人生論』39-40頁「わかる力は愛である」
愛とは、　『リマーク』99頁「14 OCT. 1998」
探すのをやめよ　『人生は愉快だ』190-191頁「池田晶子の人生相談」
やりたいことがわからない？　『勝っても負けても』98頁「やりたいことがわからない？」
個性を求めるな　『14歳の君へ』32-33頁「個性」
美しい逆説　『14歳からの哲学』128頁「本物と偽物」
天分を生きる覚悟　『人生は愉快だ』191頁「池田晶子の人生相談」
本当のプライド　『41歳からの哲学』24-25頁「プライドはあったのか――フセイン」
あなたの親は親ではない　『暮らしの哲学』217-219頁「あなたの親は親ではない」
自分に自信をもつためには　『人生は愉快だ』202-203頁「池田晶子の人生相談」

善悪

いじめる方といじめられる方、どっちを選ぶ？　『14歳の君へ』4-5頁「はじめに 14歳の君へ」
なぜ人を殺すのは悪いのか　『新・考えるヒント』61-62頁「良心」
平和は善で、戦争は悪か　『14歳の君へ』112頁「戦争」
一切は君の自由だ　『残酷人生論』119-122頁「善悪は自分の精神にある」
金では手に入らないもの　『無敵のソクラテス』326-327頁「やっぱり『哲学は金になる』のか」
道徳と倫理　『私とは何か』135頁「『徳目教育』の可能性と不可能性」
内なる基準を知れ　『14歳からの哲学』162頁「善悪［2］」
善悪が存在する理由　『新・考えるヒント』64-65頁「良心」

世の中

社会なんて存在しない　『14歳の君へ』86頁「社会」
しょせん仕事　『人生は愉快だ』206-207頁「池田晶子の人生相談」
金のもうけ方を教える前に　『41歳からの哲学』59頁「『よのなか科』だと!?――教育」

役に立たない人が必要　『41歳からの哲学』７０頁「金にならないのは当たり前――大学」
先に自分をしつけなさい　『私とは何か』９５頁「愛犬家として」
酒の席で失敗する人へ　『人生は愉快だ』１８１頁「池田晶子の人生相談」
男女関係　『無敵のソクラテス』３１０頁「あたしもいつか、マディソン郡」
国家とは何か　『私とは何か』６７頁「『国家』とは何か」

科学と情報

変わるものと変わらないもの　『14歳からの哲学』１３３-１３４頁「メディアと書物」
情報があれば賢くなるか　『41歳からの哲学』６１頁「『考えている暇などない』だと!?――情報化社会」
コンピューターに心はあるか　『新・考えるヒント』１９-２０頁「常識」
目に見えるものしか信じない？　『新・考えるヒント』１８-１９頁「常識」
倫理はどこに生まれるか　『あたりまえなことばかり』１０３頁「考えるとはどういうことか」
わからないから生きられる　『41歳からの哲学』４０-４１頁「〜かもしれない。で、どうした？――再び生命保険」
「情報弱者」にも言わせてほしい　『暮らしの哲学』１２３-１２４頁「『情報弱者』にも言わせてほしい」
宇宙を知るよりも　『14歳の君へ』１３１頁「宇宙」

言葉

魔法の杖　『死とは何か』２２４頁「言葉の力」（教科書『伝え合う言葉 中学国語３』への書下ろし）
言葉がなければ現実はない　『14歳からの哲学』３６-３７頁「言葉［２］」
人間を創るものは　『14歳の君へ』１５６-１５７頁「言葉」
言葉の力　『暮らしの哲学』５７頁「言葉の力」
語ることは騙ること　『勝っても負けても』７４頁「政治家の言葉を考える」
死者の言葉　『人生のほんとう』１７９-１８０頁「存在」
古典という書物　『14歳からの哲学』１３４頁「メディアと書物」
自分の消滅　『暮らしの哲学』７１頁「自分の消滅」

老い

アンチエイジングの不可能　『人生は愉快だ』２０９-２１０頁「池田晶子の人生相談」

肉体から精神へ
老いを味わう
不如意な体
人生を渡るための舟
人はなぜ歴史に帰るのか
誰でもない自分に戻る
散歩の思索

死

死因はひとつ
自分の死は、「ない」
いつ生きるのか
必要なのは「生命論理」
哲学すれば何がよくなる?
生きながら死んでゆくのが人生
終わりではなく、始まり
春に思う「この感じ」

考える精神

「考え」は誰のものか
何を悩んでいるのですか
さらに、疑え
正しいことを考えよう
自分だけでも善く生きる
存在の謎
新しき精神性のために
墓碑銘――さて死んだのは誰なのか

『人生は愉快だ』210-211頁「池田晶子の人生相談」
『私とは何か』101頁「老いを味わう」
『暮らしの哲学』21-22頁「自分であり自分でない体」
『41歳からの哲学』112頁「人生を渡るための舟――健康」
『人生は愉快だ』280頁「エピローグ――無から始まる思索」
『41歳からの哲学』108-109頁「ボケた者勝ち――痴呆」
『死とは何か』78頁「楽しいお散歩」

『人間自身　考えることに終わりなく』26頁「生死は平等である」
『人生は愉快だ』278頁「エピローグ――無から始まる思索」
『ロゴスに訊け』83頁「生存すること、死存すること」
『メタフィジカル・パンチ』60頁「お医者さん」
『無敵のソクラテス』501頁「あたしは悪妻クサンチッペだ」
『暮らしの哲学』36頁「男・四十路が、煩悩真っ盛り」
『人生は愉快だ』281頁「エピローグ――無から始まる思索」
『暮らしの哲学』12-13頁「春に思う『この感じ』」

『残酷人生論』53頁「『考え』は誰のものか」
『残酷人生論』16頁「プロローグ――疑え」
『残酷人生論』17-18頁「プロローグ――疑え」
『14歳からの哲学』23頁「考える[3]」
『私とは何か』151-152頁「私の幸福――明日への言葉」
『14歳からの哲学』204頁「存在の謎[2]」
『私とは何か』232頁「新しき精神性のために」
『人間自身　考えることに終わりなく』155-157頁「墓碑銘」

池田晶子《いけだあきこ》

一九六〇年八月二一日、東京生まれ。慶應義塾大学文学部哲学科を卒業。文筆家と自称する。池田某とも。専門用語による学問としての哲学ではなく、日常の言葉で平易に哲学を語る「哲学エッセイ」を確立して、幅広い読者から支持される。とくに若い人々に、本質を考えることの面白さ、形而上の切実さを、存在の謎としての生死の大切を語り続けた。著作多数。二〇〇七年二月二三日、大風の止まない夜、癌により没す。その業績と意思を記念し、精神のリレーに捧げる「わたくし、つまりNobody賞」が創設された。本書は、同賞の運営団体であり、著作権の承継者である特定非営利活動法人わたくし、つまりNobodyの編纂による。

池田晶子公式ページ http://www.nobody.or.jp/

幸福《こうふく》に死《し》ぬための哲学《てつがく》——池田晶子《いけだあきこ》の言葉《ことば》

二〇一五年 二 月二三日 第一刷発行
二〇二三年 一 月 六 日 第八刷発行

著者 池田晶子《いけだあきこ》
編者 NPO《エヌピーオー》法人《ほうじん》わたくし、つまりNobody《ノーボディ》

発行者 鈴木 哲
発行所 株式会社講談社
東京都文京区音羽二−一二−二一 郵便番号一一二−八〇〇一
電話 出版 〇三−五三九五−三五〇四
販売 〇三−五三九五−五八一七
業務 〇三−五三九五−三六一五
印刷所 凸版印刷株式会社
製本所 大口製本印刷株式会社

定価はカバーに表示してあります。 ISBN978-4-06-219363-4